школа - skule	2
путешествие - reise	5
транспорт - transport	8
город - by	10
ландшафт - landskap	14
ресторан - restaurant	17
супермаркет - matbutikk	20
напитки - drikkevarer	22
еда - mat	23
ферма - bondegard	27
дом - hus	31
гостиная - stove	33
кухня - kjøken	35
ванная комната - bad	38
детская комната - barnerom	42
одежда - klede	44
офис - kontor	49
экономика - økonomi	51
профессии - yrker	53
инструменты - verktøy	56
музыкальные инструменты - musikkinstrument	57
зоопарк - dyrehage	59
спорт - sport	62
действия - aktivitetar	63
семья - familie	67
тело - kropp	68
больница - sykehus	72
неотложный случай - naudsituasjon	76
земля - jorda	77
часы - klokke	79
неделя - veke	80
год - år	81
формы - former	83
цвета - fargar	84
противоположности - motsetnader	85
цифры - tal	88
языки - språk	90
кто / что / как - kven / kva / korleis	91
где - kvar	92

Impressum
Verlag: BABADADA GmbH, Nedderfeld 112 , 22529 Hamburg
Geschäftsführer / Verlagsleitung: Harald Hof
Druck: Books on Demand GmbH, In de Tarpen 42, 22848 Norderstedt

Imprint
Publisher: BABADADA GmbH, Nedderfeld 112 , 22529 Hamburg, Germany
Managing Director / Publishing direction: Harald Hof
Print: Books on Demand GmbH, In de Tarpen 42, 22848 Norderstedt, Germany

школа
skule

делить — dividere
доска — tavle
классная комната — klasserom
школьный двор — skulegard
учитель — lærar
бумага — papir
ручка — penn
писать — skrive
письменный стол — pult
линейка — linjal
книга — bok
ученик — elev

ранец
ransel

пенал
pennal

карандаш
blyant

точилка
blyantspissar

ластик
viskelær

альбом для рисования
teikneblokk

рисунок
teikning

кисточка
pensel

коробка красок
målarskrin

ножницы
saks

клей
lim

тетрадь
arbeidsbok

домашняя работа
lekse

цифра
tal

прибавлять
addere

вычитать
subtrahere

умножать
multiplisere

считать
rekne

буква
bokstav

алфавит
alfabet

слово
ord

школа - skule

текст
tekst

читать
lese

мел
krit

урок
skuletime

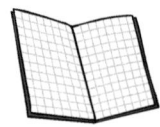

классный журнал
klassebok

экзамен
eksamen

диплом
vitnemål

школьная форма
skuleuniform

образование
utdanning

энциклопедия
leksikon

университет
universitet

микроскоп
mikroskop

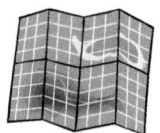

карта
kart

корзина для бумаг
papirkorg

школа - skule

путешествие
reise

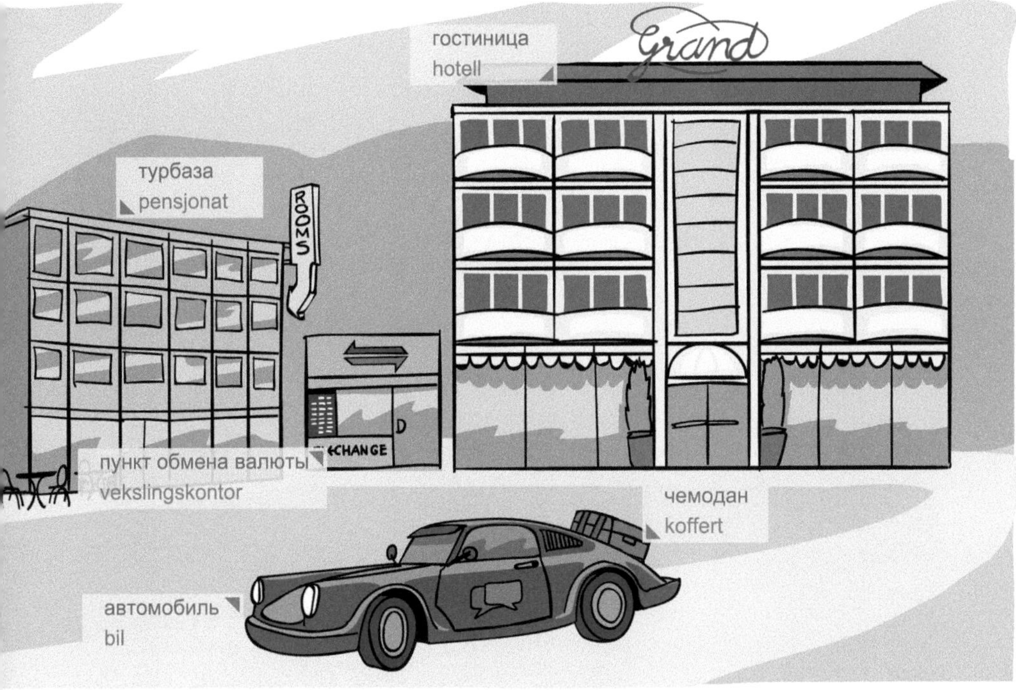

гостиница
hotell
Grand
турбаза
pensjonat
ROOMS
EXCHANGE
пункт обмена валюты
vekslingskontor
чемодан
koffert
автомобиль
bil

язык
språk

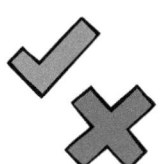

да / нет
ja / nei

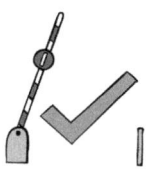

хорошо
okay

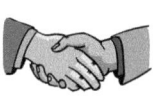

Привет
Hei

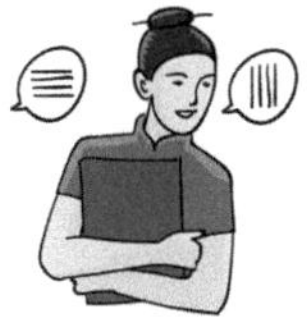

переводчик
tolk

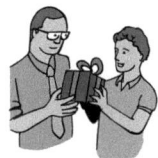

Спасибо
takk skal du ha

Сколько стоит...?
Kva kostar...?

Я не понимаю
Eg forstår ikkje

проблема
problem

Добрый вечер!
God kveld!

Доброе утро!
God morgon!

Доброй ночи!
God natt!

До свидания
ha det bra

направление
retning

багаж
bagasje

сумка
veske

рюкзак
ryggsekk

гость
gjest

комната
rom

спальный мешок
sovepose

палатка
telt

путешествие - reise

туристическая информация
turistinformasjon

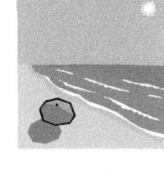

пляж
strand

кредитная карточка
kredittkort

завтрак
frukost

обед
lunsj

ужин
middag

билет
billett

лифт
heis

почтовая марка
stempel

граница
grense

таможня
toll

посольство
ambassade

виза
visum

паспорт
pass

путешествие - reise

транспорт
transport

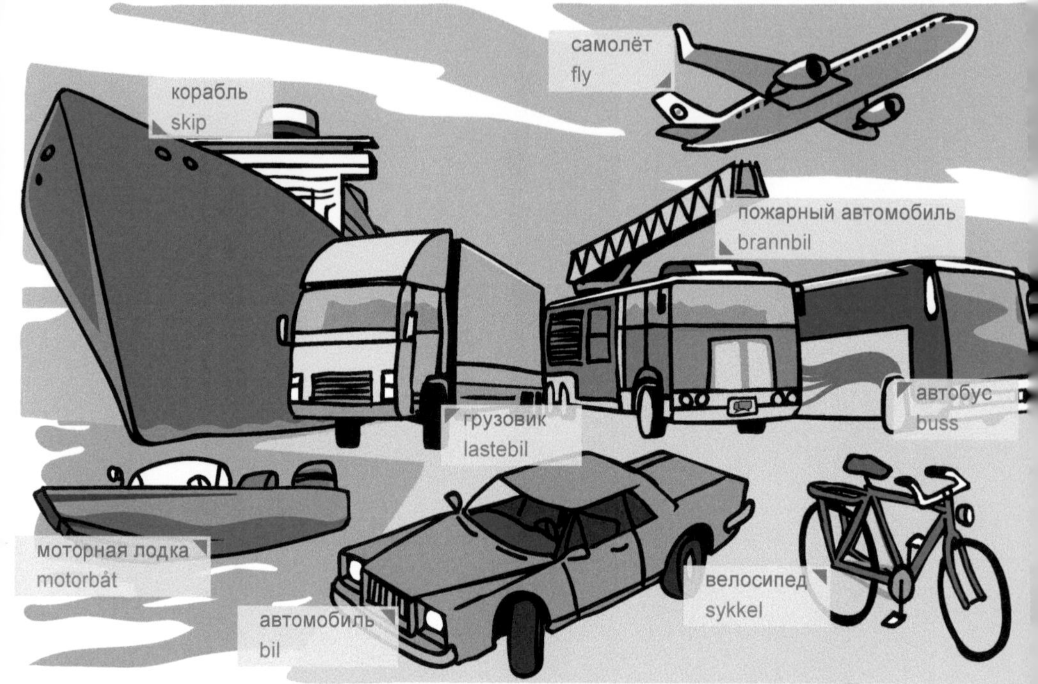

самолёт
fly

корабль
skip

пожарный автомобиль
brannbil

автобус
buss

грузовик
lastebil

моторная лодка
motorbåt

велосипед
sykkel

автомобиль
bil

паром

ferje

лодка

båt

мотоцикл

motorsykkel

полицейский автомобиль

politibil

гоночный автомобиль

racerbil

арендованный автомобиль
leigebil

совместное пользование
автомобилями
bilkollektiv

буксировочный
автомобиль
bergingsbil

мусоровоз
søppelbil

двигатель
motor

топливо
drivstoff

заправка
bensinstasjon

дорожный знак
trafikkskilt

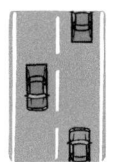

движение
trafikk

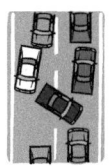

пробка
trafikkork

автостоянка
parkeringsplass

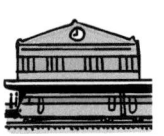

вокзал
togstasjon

рельсы
skine

поезд
tog

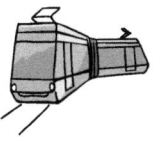

трамвай
trikk

вагон
vogn

транспорт - transport

вертолёт
helikopter

аэропорт
flyplass

вышка
tårn

пассажир
passasjer

контейнер
konteinar

коробка
kartong

тележка
tralle

корзина
kurv

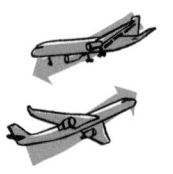

взлетать / приземляться
starte / lande

город
by

деревня
landsby

центр города
sentrum

дом
hus

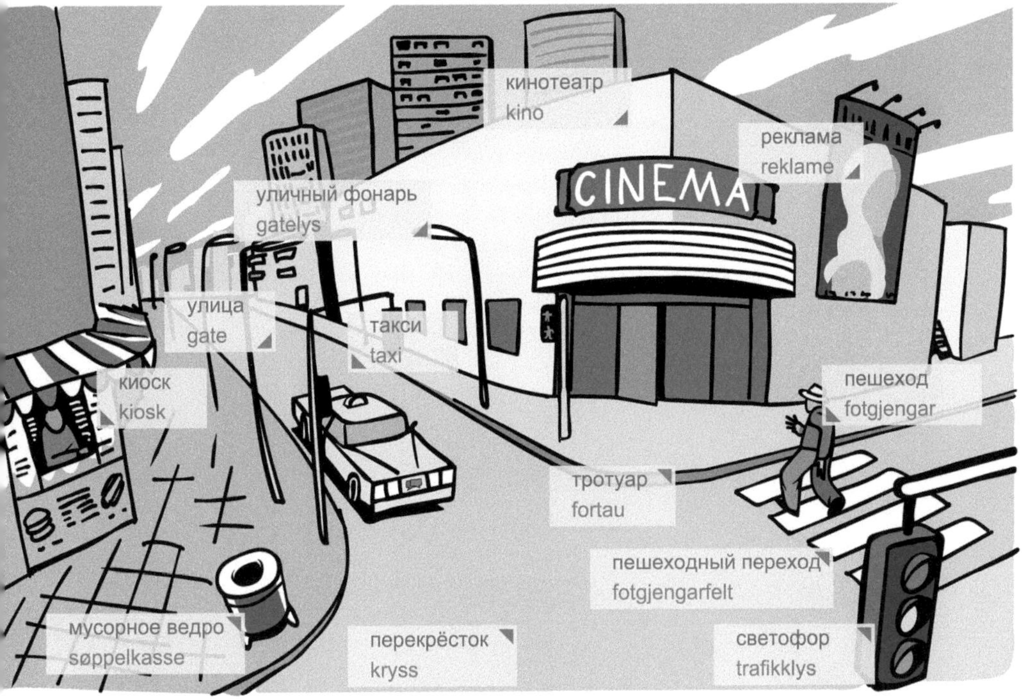
кинотеатр
kino
реклама
reklame
уличный фонарь
gatelys
CINEMA
улица
gate
такси
taxi
киоск
kiosk
пешеход
fotgjengar
тротуар
fortau
пешеходный переход
fotgjengarfelt
мусорное ведро
søppelkasse
перекрёсток
kryss
светофор
trafikklys

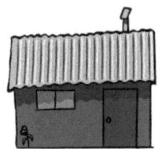

хижина
hytte

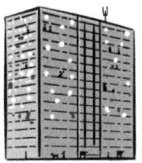

квартира
leilegheit

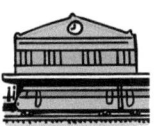

вокзал
togstasjon

ратуша
rådhus

MUSEUM
музей
museum

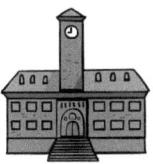

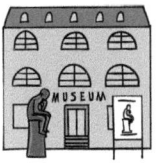

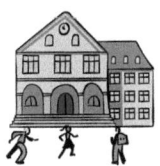

школа
skule

университет

universitet

банк

bank

больница

sykehus

гостиница

hotell

аптека

apotek

офис

kontor

книжный магазин

bokhandel

магазин

butikk

цветочный магазин

blomsterbutikk

супермаркет

matbutikk

рынок

marknad

универмаг

varehus

торговец рыбой

fiskehandlar

торговый центр

kjøpesenter

порт

hamn

парк
park

скамейка
benk

мост
bro

лестница
trapp

метро
t-bane

тоннель
tunnel

автобусная остановка
busstopp

бар
bar

ресторан
restaurant

почтовый ящик
postkasse

табличка с названием улицы
gateskilt

паркометр
parkometer

зоопарк
dyrehage

бассейн
svømmebasseng

мечеть
moské

ферма
bondegard

загрязнение окружающей среды
miljøforurensing

кладбище
kyrkjegard

церковь
kyrkje

детская площадка
leikeplass

храм
tempel

ландшафт
landskap

лист
blad

дорожный указатель
vegvisar

дорога
veg

луг
eng

камень
stein

путешественник
turgåar

дерево
tre

река
elv

трава
gras

цветок
blome

14 ландшафт - landskap

долина dal	гора fjell	озеро innsjø
	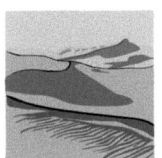	
лес skog	пустыня ørken	вулкан vulkan

замок slott	радуга regnboge	гриб sopp

пальма palmetre	комар mygg	муха fluge

муравей maur	пчела bie	паук edderkopp

ландшафт - landskap

жук
bille

лягушка
frosk

белка
ekorn

еж
piggsvin

заяц
hare

сова
ugle

птица
fugl

лебедь
svane

кабан
villsvin

олень
hjort

лось
elg

плотина
demning

ветряной генератор
vindturbin

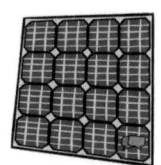

солнечная батарея
solcellepanel

климат
klima

ландшафт - landskap

ресторан
restaurant

официант / kelner
меню / meny
стул / stol
суп / suppe
пицца / pizza
столовые приборы / bestikk
скатерть / duk

закуска
forrett

главное блюдо
hovudrett

десерт
dessert

напитки
drikkevarer

еда
mat

бутылка
flaske

ресторан - restaurant 17

фастфуд
hurtigmat

уличная еда
gatemat

чайник
tekanne

сахарница
sukkerskål

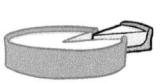
порция
porsjon

кофеварка
espressomaskin

детский стульчик
barnestol

счет
rekning

поднос
brett

нож
kniv

вилка
gaffel

ложка
skei

чайная ложка
teskei

салфетка
serviett

стакан
glas

ресторан - restaurant

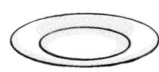  

тарелка	суповая тарелка	блюдце
tallerken	suppetallerken	skål

соус	солонка	мельница для перца
saus	saltbøsse	pepparkvern

уксус	масло	специи
eddik	olje	krydder

кетчуп	горчица	майонез
ketsjup	sennep	majones

ресторан - restaurant

супермаркет
matbutikk

специальное предложение
tilbod

покупатель
kunde

молочные продукты
meieriprodukt

фрукты
frukt

тележка для покупок
handlevogn

мясной магазин
slaktar

пекарня
bakeri

взвешивать
vege

овощи
grønnsaker

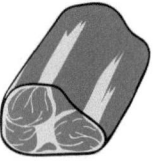

мясо
kjøtt

быстрозамороженные продукты
frysevarer

супермаркет - matbutikk

нарезка
oppskore pålegg

консервы
hermetikk

стиральный порошок
vaskepulver

сладости
godteri

предмет домашнего обихода
hushaldningsprodukt

моющее средство
reingjeringsmiddel

продавщица
butikkmedarbeidar

касса
kassaapparat

кассир
kasserar

список покупок
handleliste

время работы
opningstider

бумажник
lommebok

кредитная карточка
kredittkort

сумка
veske

полиэтиленовый пакет
plastpose

супермаркет - matbutikk

напитки
drikkevarer

вода
vatn

сок
juice

молоко
mjølk

кока-кола
cola

вино
vin

пиво
øl

алкоголь
alkohol

какао
kakao

чай
te

кофе
kaffi

эспрессо
espresso

капучино
cappuccino

еда
mat

банан
banan

яблоко
eple

апельсин
appelsin

арбуз
melon

лимон
sitron

морковь
gulrot

чеснок
kvitlauk

бамбук
bambus

лук
løk

гриб
sopp

орехи
nøtter

лапша
nudlar

спагетти
spagetti

рис
ris

салат
salat

картофель фри
pommes frites

жареный картофель
steikte poteter

пицца
pizza

гамбургер
hamburger

сэндвич
sandwich

шницель
kotelett

ветчина
skinke

салями
salami

колбаса
pølse

курица
kylling

жаркое
steik

рыба
fisk

овсяные хлопья
havregryn

мюсли
müsli

кукурузные хлопья
cornflakes

мука
mjøl

круассан
croissant

булочка
rundstykke

хлеб
brød

тост
rista brød

печенье
kjeks

масло
smør

творог
kvarg

пирог
kake

яйцо
egg

яичница
speilegg

сыр
ost

мороженое	сахар	мёд
iskrem	sukker	honning

мармелад	крем с нугой	карри
syltetøy	sjokoladepålegg	karri

еда - mat

ферма
bondegard

крестьянский дом — våningshus
сарай — låve
тюк из соломы — halmball
поле — åker
лошадь — hest
прицеп — tilhengar
жеребёнок — fole
трактор — traktor
осёл — esel
овца — sau
ягнёнок — lam

коза
geit

корова
ku

телёнок
kalv

свинья
gris

поросёнок
grisunge

бык
okse

гусь
gås

утка
and

цыплёнок
kylling

курица
høne

петух
hane

крыса
rotte

кошка
katt

мышь
mus

вол
okse

собака
hund

конура
hundehus

садовый шланг
hageslange

лейка
vasskanne

коса
ljå

плуг
plog

ферма - bondegard

серп
sigd

мотыга
hakke

навозные вилы
høygaffel

топор
øks

тачка
trillebàr

корыто
trau

бидон для молока
mjølkekanne

мешок
sekk

забор
gjerde

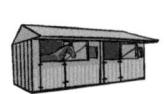

хлев
fjøs

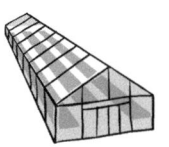

теплица
drivhus

почва
jord

посев
frø

удобрение
gjødsel

комбайн
skurtreskar

ферма - bondegard

собирать урожай

hauste

урожай

innhausting

ямс

yams

пшеница

kveite

соя

soja

картофель

potet

кукуруза

mais

рапс

raps

фруктовое дерево

frukttre

маниок

kassava

злаки

korn

ферма - bondegard

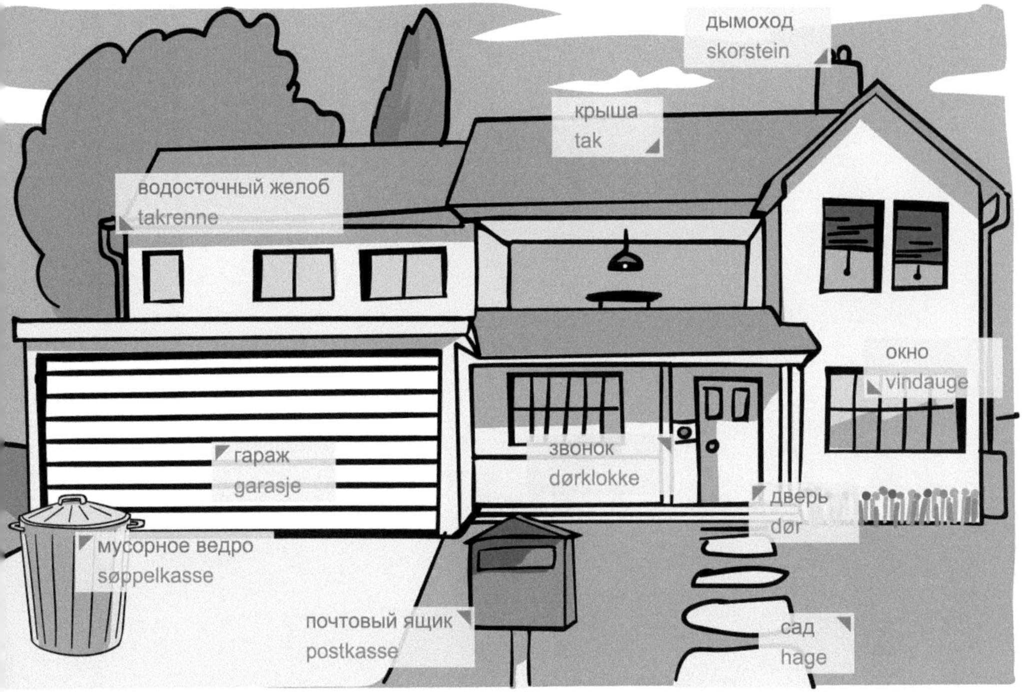

дом
hus

дымоход / skorstein
крыша / tak
водосточный желоб / takrenne
окно / vindauge
гараж / garasje
звонок / dørklokke
дверь / dør
мусорное ведро / søppelkasse
почтовый ящик / postkasse
сад / hage

гостиная
stove

ванная комната
bad

кухня
kjøken

спальня
soverom

детская комната
barnerom

столовая
spisestove

дом - hus

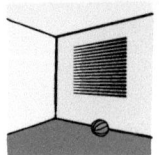

пол
golv

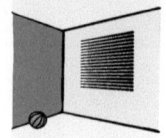

стена
vegg

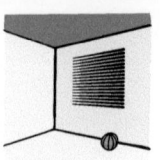

потолок
tak

подвал
kjellar

сауна
badstove

балкон
balkong

терраса
terrasse

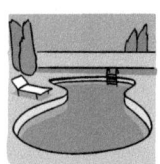

бассейн
svømmebasseng

газонокосилка
grasklippar

пододеяльник
laken

покрывало
dyne

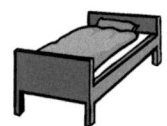

кровать
seng

метла
kost

ведро
bøtte

выключатель
brytar

дом - hus

гостиная
stove

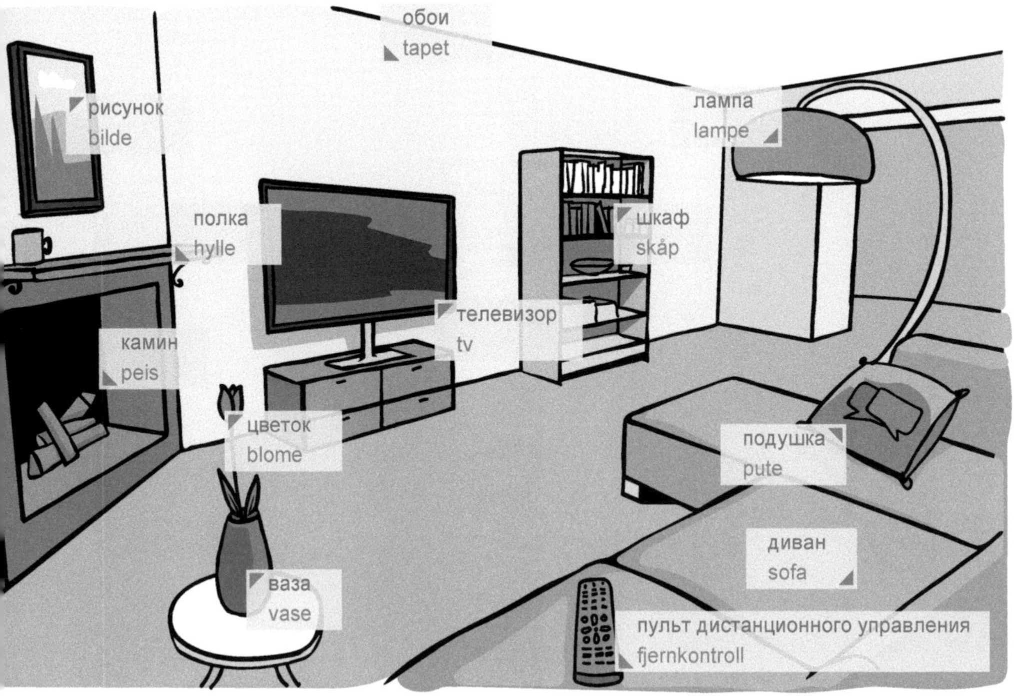

обои / tapet
рисунок / bilde
лампа / lampe
полка / hylle
шкаф / skåp
камин / peis
телевизор / tv
цветок / blome
подушка / pute
ваза / vase
диван / sofa
пульт дистанционного управления / fjernkontroll

ковёр
golvteppe

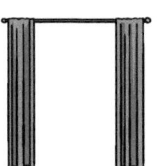

штора
gardin

стол
bord

стул
stol

кресло-качалка
gyngestol

кресло
lenestol

гостиная - stove

книга — bok

покрывало — teppe

украшение — dekorasjon

дрова — ved

фильм — film

стереосистема — stereoanlegg

ключ — nøkkel

газета — avis

картина — måleri

плакат — plakat

радио — radio

блокнот — notatblokk

пылесос — støvsugar

кактус — kaktus

свеча — lys

гостиная - stove

кухня
kjøken

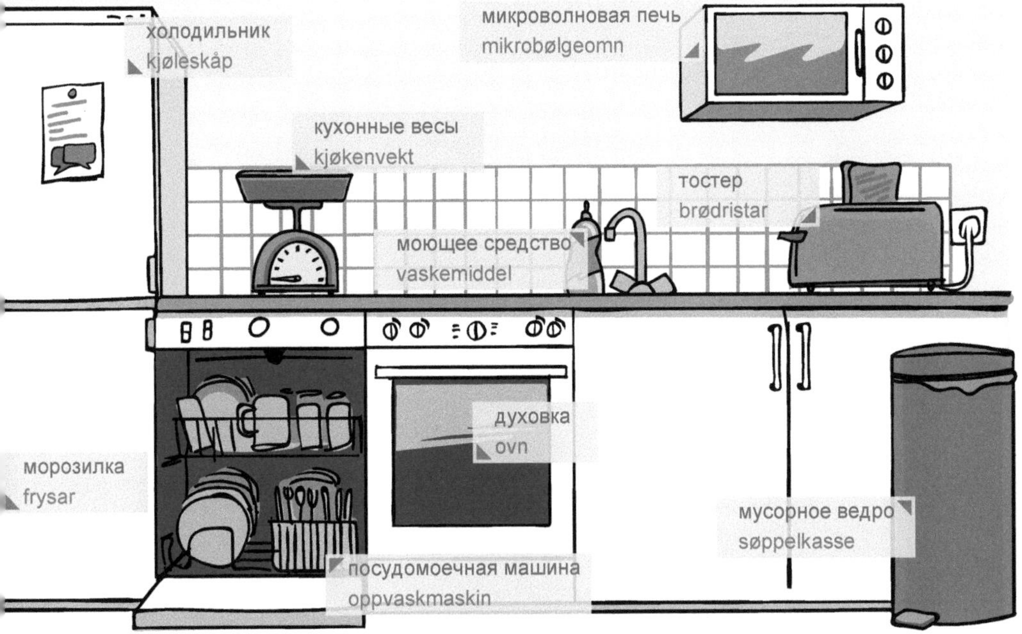

холодильник
kjøleskap

микроволновая печь
mikrobølgeomn

кухонные весы
kjøkenvekt

тостер
brødristar

моющее средство
vaskemiddel

морозилка
frysar

духовка
ovn

мусорное ведро
søppelkasse

посудомоечная машина
oppvaskmaskin

плита

komfyr

кастрюля

gryte

чугунный котелок

jarngryte

вок / кадай

wokpanne

сковорода

panne

чайник

vatnkokar

пароварка
dampovn

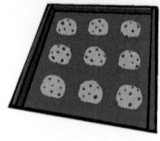

противень
steikebrett

посуда
servise

кружка
krus

миска
bolle

палочки для еды
spisepinnar

половник
ause

лопатка
steikespade

сбивалка
visp

сито
sil

сито
sil

тёрка
rivjarn

ступка
mørtel

гриль
grill

костёр
bál

доска
skjærefjøl

скалка
kjevle

штопор
korketrekkar

жестяная банка
boks

консервный нож
boksopnar

прихватка
gryteklut

раковина
vask

щетка
børste

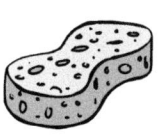

губка
svamp

миксер
blender

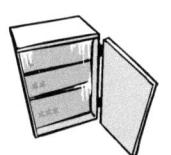

морозильная камера
fryseboks

бутылочка для кормления
tåteflaske

кран
kran

кухня - kjøken

ванная комната
bad

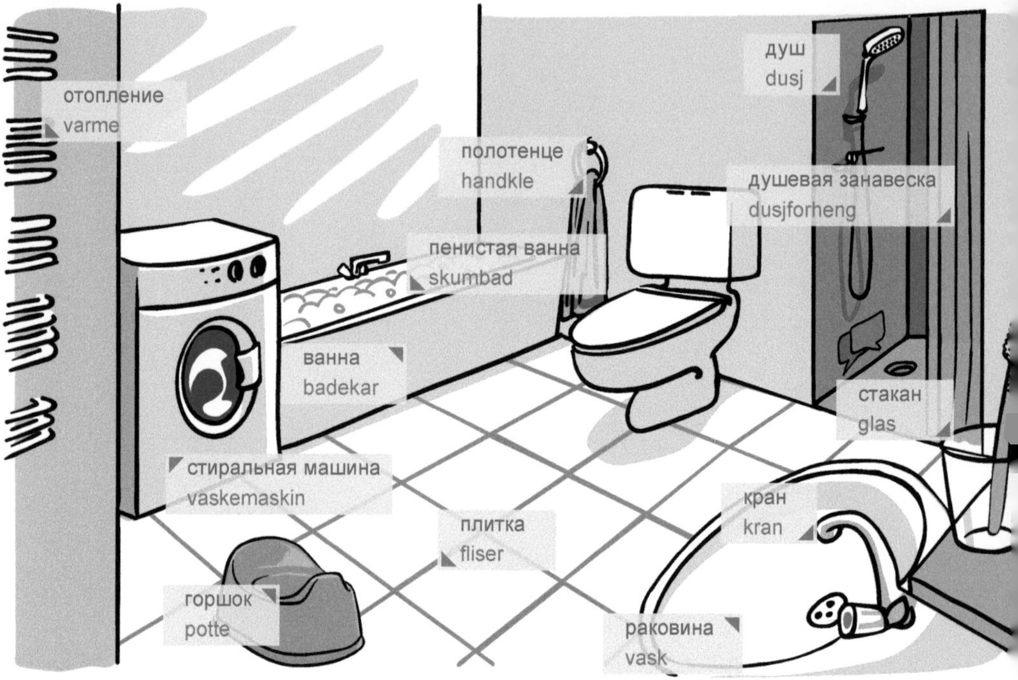

отопление
varme

душ
dusj

полотенце
handkle

душевая занавеска
dusjforheng

пенистая ванна
skumbad

ванна
badekar

стакан
glas

стиральная машина
vaskemaskin

кран
kran

плитка
fliser

горшок
potte

раковина
vask

туалет
toalett

напольный унитаз
ståtoalett

биде
bidet

писсуар
pissoar

туалетная бумага
toalettpapir

ершик
toalettbørste

зубная щётка
tannbørste

зубная паста
tannkrem

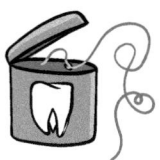

зубная нить
tanntråd

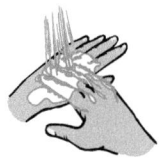

мыть
vaske

ручной душ
handdusj

интимный душ
intimdusj

таз
oppvaskbalje

щетка для спины
ryggbørste

мыло
såpe

гель для душа
dusjsåpe

шампунь
sjampo

мочалка
vaskeklut

сток
avløp

крем
krem

дезодорант
deodorant

ванная комната - bad

зеркало
spegel

ручное зеркало
handspegel

бритва
barberhøvel

пена для бритья
barberskum

лосьон после бритья
barberingsvatn

расческа
kam

щетка
børste

фен
hårfønar

лак для волос
hårspray

косметика
sminke

губная помада
leppestift

лак для ногтей
naglelakk

вата
bomullsdott

маникюрные ножницы
naglesaks

духи
parfyme

ванная комната - bad

косметичка
toalettmappe

табуретка
krakk

весы
vekt

халат
badekåpe

резиновые перчатки
gummihanskar

тампон
tampong

гигиеническая прокладка
sanitetsbind

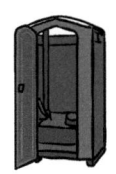

биотуалет
kjemisk toalett

ванная комната - bad

детская комната

barnerom

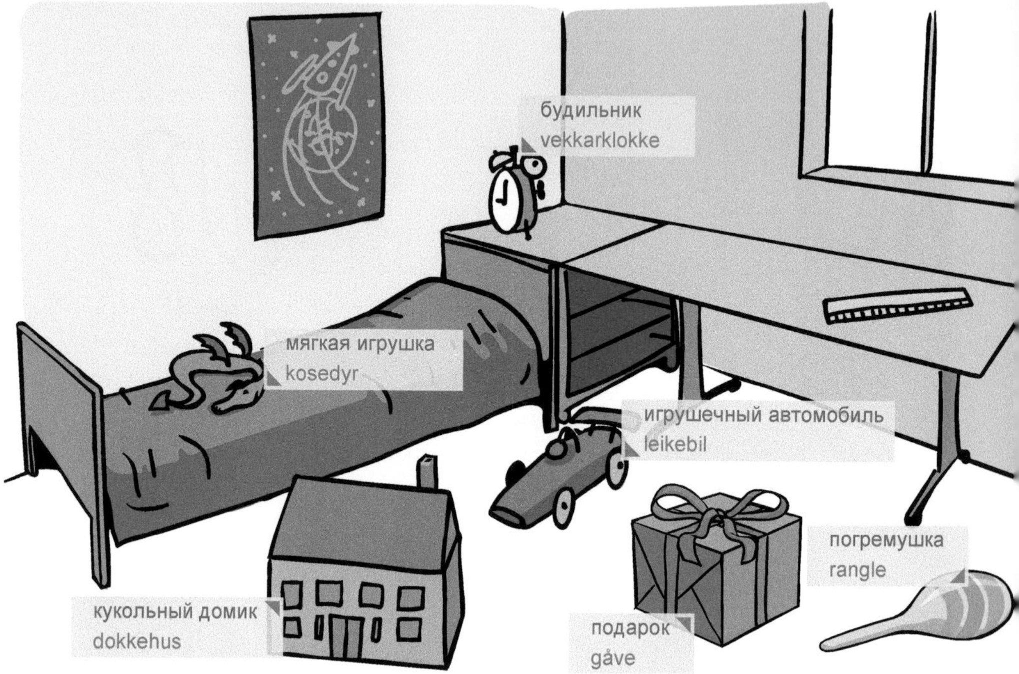

будильник
vekkarklokke
мягкая игрушка
kosedyr
игрушечный автомобиль
leikebil
погремушка
rangle
кукольный домик
dokkehus
подарок
gåve

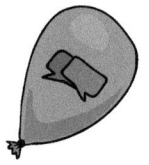

воздушный шар

ballong

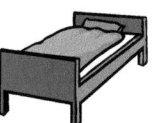

кровать

seng

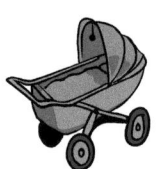

детская коляска

barnevogn

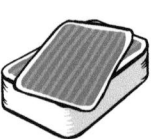

карточная игра

kortstokk

пазл

puslespel

SUPER
MEGA

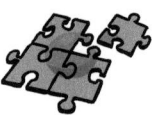

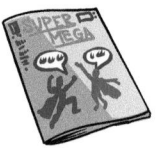

комикс

teikneserie

кирпичики Лего
legoklossar

кубики
byggjeklossar

игрушечная фигурка
actionfigur

ползунки
sparkebukse

фрисби
frisbee

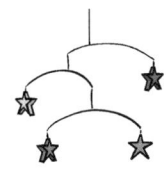

мобиле
uro

настольная игра
brettspel

кубик
terning

модель железной дороги
togbane

соска
smokk

вечеринка
fest

книга с картинками
biletbok

мяч
ball

кукла
dokke

играть
leike

детская комната - barnerom

песочница
sandkasse

качели
gynge

игрушка
leiketøy

игровая приставка
spelekonsoll

трёхколёсный велосипед
trehjulssykkel

плюшевый медвежонок
bamse

шкаф для одежды
garderobeskåp

одежда
klede

носки
sokker

чулки
strømper

колготки
strømpebukse

боди
body

брюки
bukse

джинсы
dongeribukse

юбка
skjørt

блузка
bluse

рубашка
skjorte

свитер
genser

свитер
hettegenser

спортивная куртка
dressjakke

жакет
jakke

пальто
kåpe

плащ
regnjakke

костюм
drakt

платье
kjole

свадебное платье
brudekjole

мужской костюм

dress

ночная сорочка

nattkjole

пижама

pyjamas

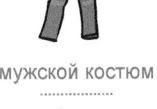

сари

sari

платок

skaut

тюрбан

turban

паранджа

burka

кафтан

kaftan

абайя

abaya

купальник

badedrakt

плавки

badebukse

шорты

shorts

спортивный костюм

treningsklede

фартук

forkle

перчатки

hanskar

одежда - klede

пуговица
knapp

очки
brille

браслет
armband

цепочка
kjede

кольцо
ring

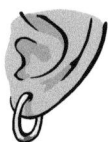

серьга
øyredobb

шапка
lue

вешалка
kleshengar

шляпа
hatt

галстук
slips

застежка молния
glidelås

шлем
hjelm

подтяжки
bukseselar

школьная форма
skuleuniform

форма
uniform

одежда - klede

детский нагрудник
smekke

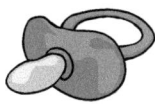
соска
smokk

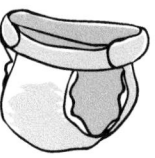
подгузник
bleie

офис
kontor

сервер
server

канцелярский шкаф
arkivskåp

принтер
skrivar

монитор
skjerm

бумага
papir

письменный стол
pult

папка
perm

мышь
mus

клавиатура
tastatur

корзина для бумаг
papirkorg

компьютер
datamaskin

стул
stol

кофейная кружка
kaffikopp

калькулятор
kalkulator

интернет
internett

ноутбук
bærbar pc

письмо
brev

сообщение
beskjed

мобильный телефон
mobiltelefon

сеть
nettverk

ксерокс
kopimaskin

программа
programvare

телефон
telefon

розетка
stikkontakt

факс
faksmaskin

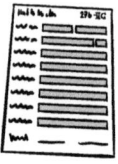
формуляр
skjema

документ
dokument

офис - kontor

экономика
økonomi

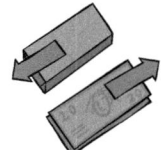

покупать
kjøpe

платить
betale

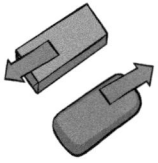

торговать
handle

деньги
pengar

доллар
dollar

евро
euro

иена
yen

рубль
rubel

франк
sveitserfranc

жэньминьби юань
renminbi

рупия
rupi

банкомат
minibank

пункт обмена валюты
vekslingskontor

золото
gull

серебро
sølv

нефть
olje

энергия
energi

цена
pris

договор
kontrakt

налог
avgift

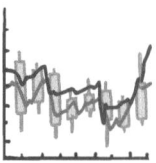
акция
aksje

работать
jobbe

служащий
tilsett

работодатель
arbeidsgjevar

фабрика
fabrikk

магазин
butikk

экономика - økonomi

профессии
yrker

милиционер / politibetjent

пожарный / brannmann

повар / kokk

врач / lækjar

пилот / pilot

садовник
gartnar

столяр
snekkar

швея
sydame

судья
dommar

химик
kjemikar

актёр
skodespelar

водитель автобуса
bussjåfør

таксист
taxisjåfør

рыбак
fiskar

уборщица
vaskedame

кровельщик
taktekkar

официант
kelner

охотник
jeger

художник
målar

пекарь
bakar

электрик
elektrikar

строитель
bygningsarbeidar

инженер
ingeniør

мясник
slaktar

сантехник
røyrleggjar

почтальон
postbud

солдат
soldat

архитектор
arkitekt

кассир
kasserar

флорист
blomsterhandlar

парикмахер
frisør

кондуктор
konduktør

механик
mekanikar

капитан
kaptein

зубной врач
tannlege

ученый
forskar

раввин
rabbi

имам
imam

монах
monk

священник
prest

профессии - yrker

инструменты
verktøy

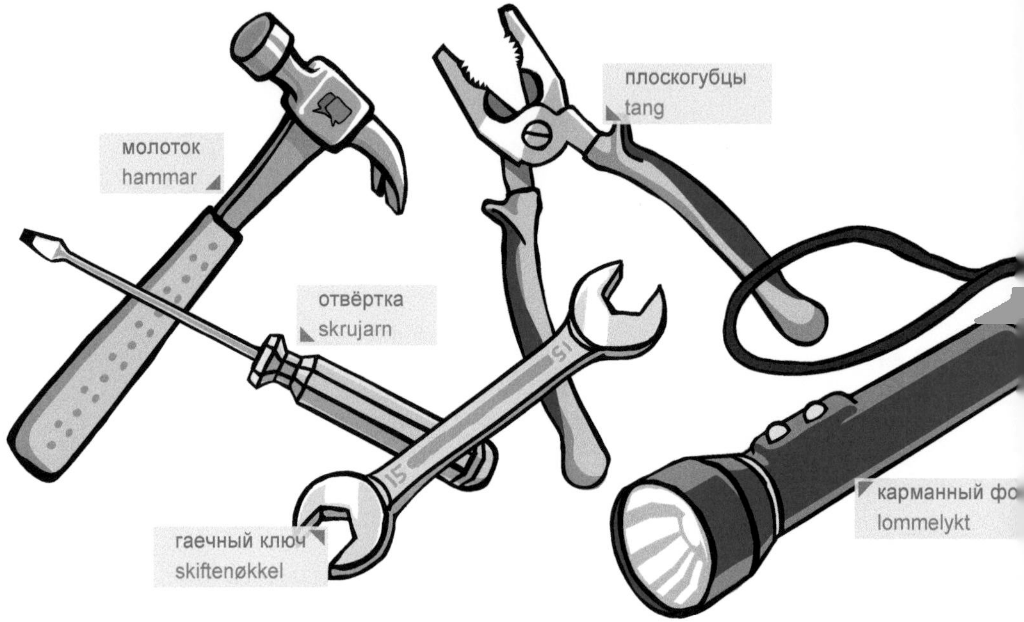

молоток
hammar

плоскогубцы
tang

отвёртка
skrujarn

гаечный ключ
skiftenøkkel

карманный фо
lommelykt

экскаватор
gravemaskin

ящик для инструментов
verktøykasse

стремянка
stige

пила
sag

гвозди
spikar

дрель
bor

ремонтировать
reparere

лопата
spade

Блин!
Søren!

совок
feiebrett

ведро с краской
målingsspann

винты
skruar

музыкальные инструменты
musikkinstrument

громкоговоритель
høgtalar

ударный инструмент
trommesett

гитара
gitar

контрабас
kontrabass

труба
trompet

пианино
piano

скрипка
fiolin

бас-гитара
bass

литавры
pauke

барабан
trommer

синтезатор
keyboard

саксофон
saksofon

флейта
fløyte

микрофон
mikrofon

зоопарк
dyrehage

- тигр — tiger
- вход — inngang
- клетка — bur
- зебра — sebra
- корм — dyrefôr
- панда — panda

животные
dyr

слон
elefant

кенгуру
kenguru

носорог
nashorn

горилла
gorilla

медведь
bjørn

верблюд
kamel

страус
struts

лев
løve

обезьяна
ape

фламинго
flamingo

попугай
papegøye

белый медведь
isbjørn

пингвин
pingvin

акула
hai

павлин
påfugl

змея
slange

крокодил
krokodille

служитель зоопарка
dyrepasser

тюлень
sel

ягуар
jaguar

зоопарк - dyrehage

пони
ponni

леопард
leopard

бегемот
flodhest

жираф
giraff

орёл
ørn

кабан
villsvin

рыба
fisk

черепаха
skilpadde

морж
kvalross

лиса
rev

газель
gaselle

зоопарк - dyrehage

спорт
sport

иметь
ha

делать
gjere

быть
vere

стоять
stå

бежать
løpe

тянуть
dra

бросать
kaste

падать
falle

лежать
ligge

ждать
vente

носить
bære

сидеть
sitje

надевать
kle på seg

спать
sove

просыпаться
vakne

рассматривать
sjå på

плакать
gråte

гладить
stryke

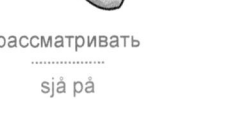
причесывать
kjemme

говорить
snakke

понимать
forstå

спрашивать
spørje

слушать
høyre

пить
drikke

кушать
ete

наводить порядок
rydde

любить
elske

готовить
lage mat

ехать
køyre

летать
flyge

действия - aktivitetar

ходить под парусом
segle

считать
rekne

читать
lese

учиться
lære

работать
jobbe

вступать в брак
gifte seg

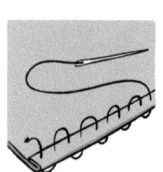

шить
sy

чистить зубы
pusse tenner

убивать
drepe

курить
røykje

отправлять
sende

семья
familie

бабушка / bestemor

дедушка / bestefar

папа / far

мама / mor

младенец / baby

дочь / dotter

сын / son

гость

gjest

тетя

tante

дядя

onkel

брат

bror

сестра

søster

тело
kropp

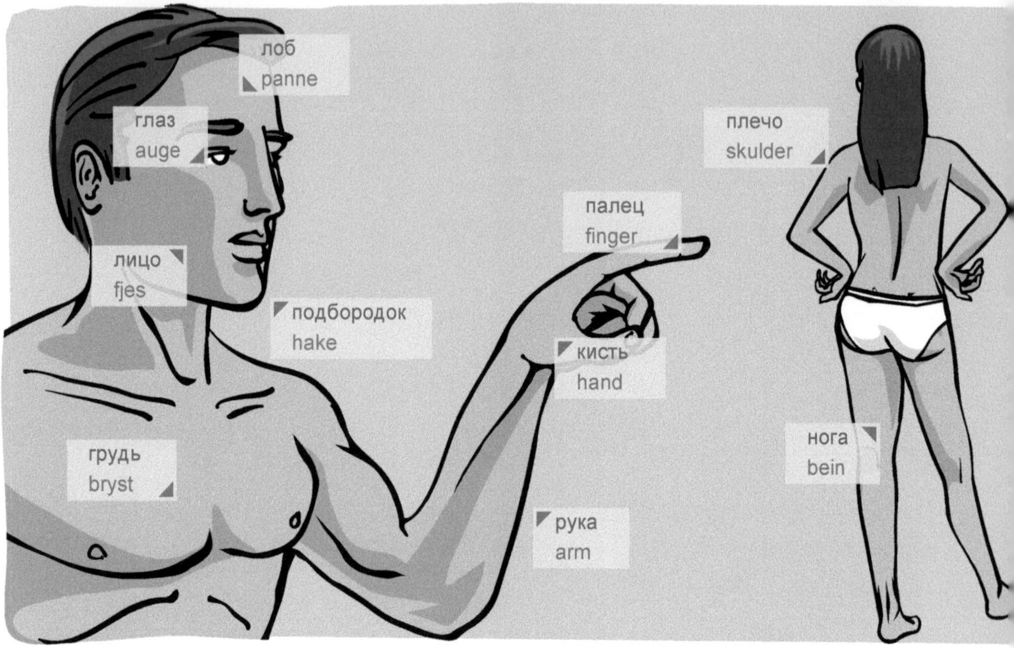

лоб / panne
глаз / auge
плечо / skulder
палец / finger
лицо / fjes
подбородок / hake
кисть / hand
грудь / bryst
нога / bein
рука / arm

младенец
baby

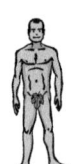

мужчина
mann

женщина
kvinne

девочка
jente

мальчик
gut

голова
hovud

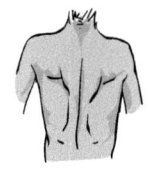

спина
rygg

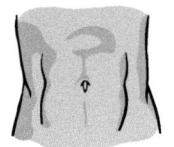

живот
mage

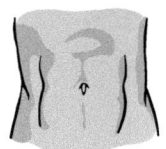

пупок
navle

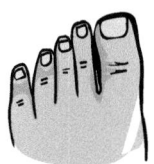

палец ноги
tå

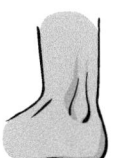

пятка
hæl

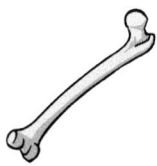

кость
bein

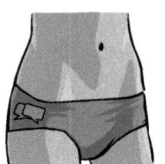

бедро
hofte

колено
kne

локоть
olboge

нос
nase

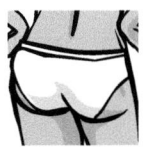

ягодицы
rumpe

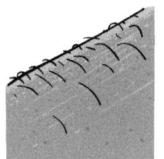

кожа
hud

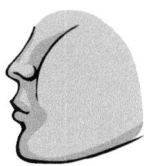

щека
kinn

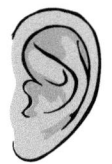

ухо
øyre

губа
leppe

тело - kropp

рот
munn

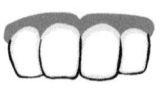

зуб
tann

язык
tunge

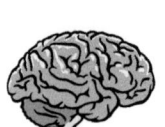

мозг
hjerne

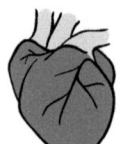

сердце
hjarte

мышца
muskel

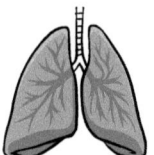

лёгкое
lunge

печень
lever

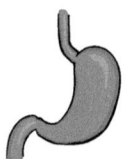

желудок
magesekk

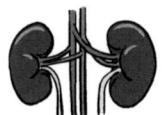

почки
nyrer

половой акт
samleie

презерватив
kondom

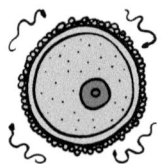

яйцеклетка
eggcelle

сперма
sæd

беременность
graviditet

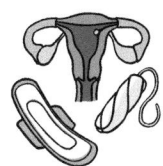
менструация
menstruasjon

вагина
vagina

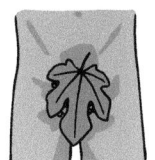
пенис
penis

бровь
augebryn

волосы
hår

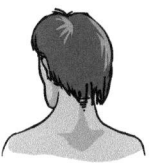
шея
hals

тело - kropp

больница
sykehus

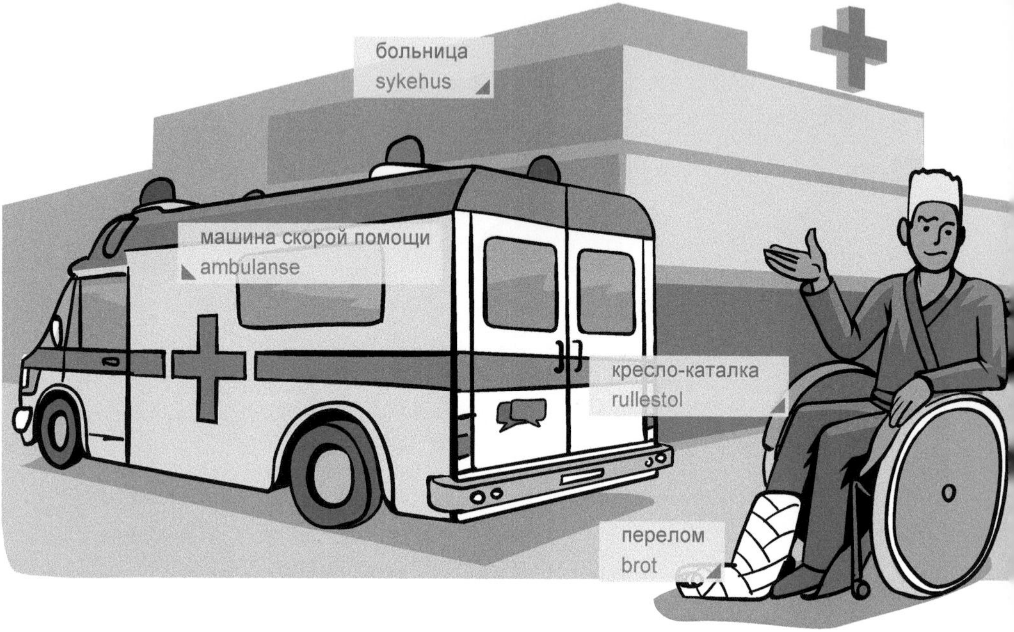

больница
sykehus

машина скорой помощи
ambulanse

кресло-каталка
rullestol

перелом
brot

врач

lækjar

пункт первой помощи

akuttmottak

медсестра

sjukepleiar

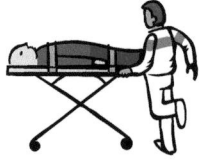

неотложный случай

naudsituasjon

без сознания

medvitslaus

боль

smerte

повреждение
skade

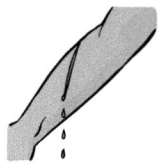

кровотечение
bløding

инфаркт
hjarteinfarkt

инсульт
hjerneslag

аллергия
allergi

кашель
hoste

повышенная температура
feber

грипп
influensa

понос
diaré

головная боль
hovudpine

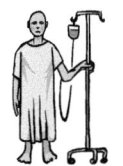

рак
kreft

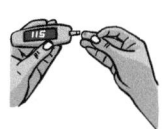

диабет
diabetes

хирург
kirurg

скальпель
skalpell

операция
operasjon

КТ
CT

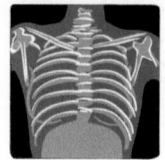

рентген
røntgen

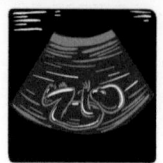

ультразвук
ultralyd

маска
ansiktsmaske

болезнь
sjukdom

приёмная
venterom

костыль
krykkje

пластырь
plaster

бинт
bandasje

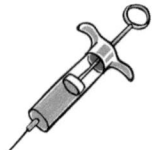

укол
injeksjon

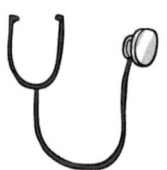

стетоскоп
stetoskop

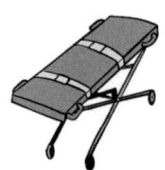

носилки
båre

термометр
klinisk termometer

рождение
fødsel

избыточный вес
overvekt

больница - sykehus

слуховой аппарат
høyreapparat

дезинфекционное средство
desinfeksjonsmiddel

инфекция
infeksjon

вирус
virus

ВИЧ / СПИД
HIV/AIDS

лекарство
medisin

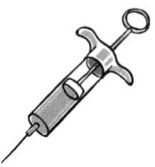

прививка
vaksinasjon

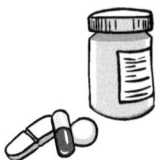

таблетки
tablettar

противозачаточная таблетка
pille

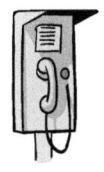

экстренный вызов
nødanrop

прибор для измерения кровяного давления
blodtrykksmålar

больной / здоровый
sjuk / frisk

больница - sykehus

неотложный случай
naudsituasjon

Помогите!	 сигнал тревоги	 нападение
Hjelp!	alarm	overfall

 атака — angrep

 опасность — fare

 запасной выход — naudutgang

Пожар! — Brann!

 огнетушитель — brannsløkkingsapparat

 несчастный случай — ulykke

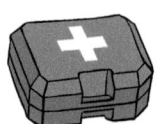 аптечка — førstehjelpsskrin

 SOS — SOS

 милиция — politi

земля
jorda

Европа

Europa

Северная Америка

Nord-Amerika

Южная Америка

Sør-Amerika

Африка

Afrika

Азия

Asia

Австралия

Australia

Атлантический океан

Atlanterhavet

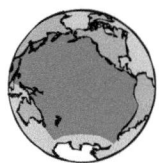

Тихий океан

Stillehavet

Индийский океан

Indiahavet

Антарктический океан

Sørishavet

Северный Ледовитый океан

Nordishavet

Северный полюс

Nordpolen

Южный полюс
Sørpolen

Антарктика
Antarktis

земля
jorda

суша
land

море
sjø

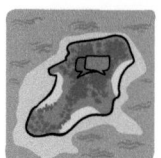
остров
øy

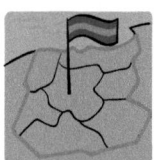
нация
nasjon

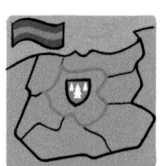
государство
stat

часы

klokke

циферблат

urskive

часовая стрелка

timevisar

минутная стрелка

minuttvisar

секундная стрелка

sekundvisar

Который час?

Kva er klokka?

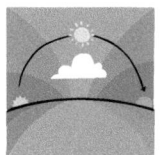

день

dag

время

tid

сейчас

no

электронные часы

digitalklokke

минута

minutt

час

time

неделя
veke

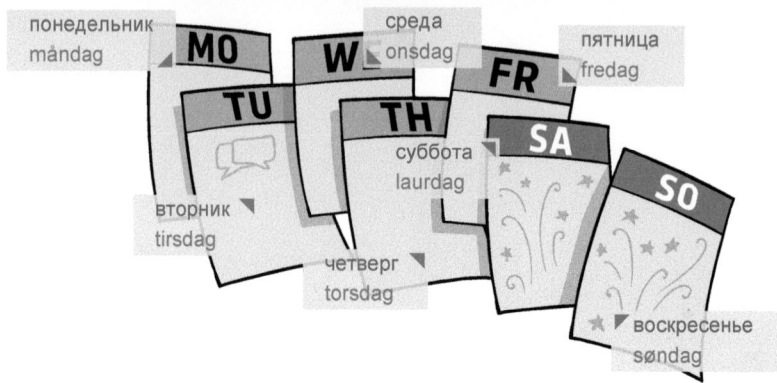

понедельник / mandag
среда / onsdag
пятница / fredag
вторник / tirsdag
четверг / torsdag
суббота / laurdag
воскресенье / søndag

вчера
i går

сегодня
i dag

завтра
i morgon

утро
morgon

полдень
middag

вечер
kveld

рабочие дни
arbeidsdag

выходные
helg

неделя - veke

год

år

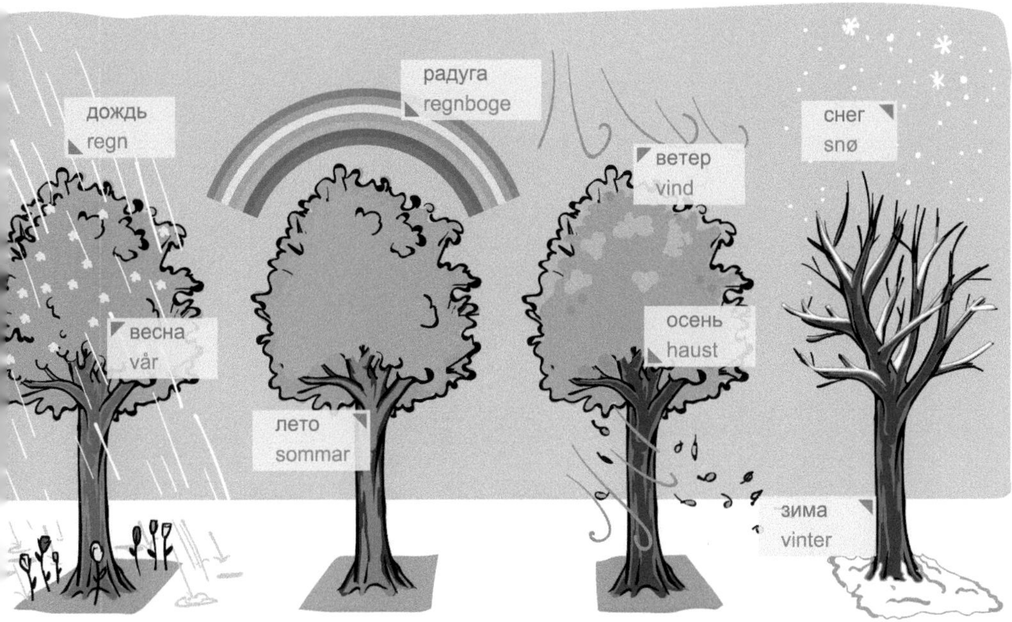

радуга
regnboge
дождь
regn
снег
snø
ветер
vind
весна
vår
осень
haust
лето
sommar
зима
vinter

4.APRIL 11°
5.APRIL 4°
6.APRIL 13°
7.APRIL 8°
8.APRIL 10°

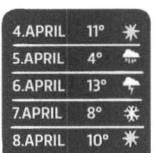

прогноз погоды

vêrmelding

F C
120 40
90 30
60 20
30 10
0 0
-30 -10
-20

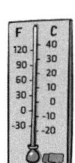

термометр

termometer

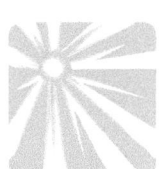

солнечный свет

solskin

туча

sky

туман

tåke

влажность воздуха

luftfuktigheit

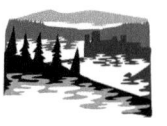

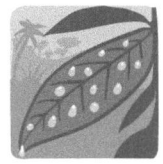

молния

lyn

гром

torden

буря

storm

град

hagl

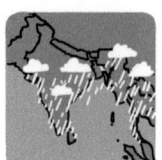

муссон

monsun

наводнение

overfløyming

лёд

is

январь

januar

февраль

februar

март

mars

апрель

april

май

mai

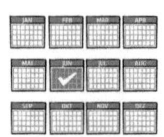

июнь

juni

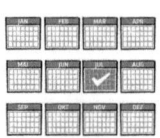

июль

juli

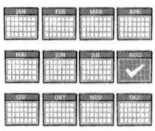

август

august

год - år

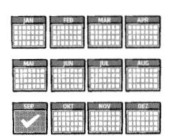
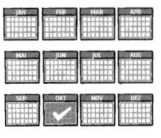
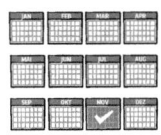

сентябрь
september

октябрь
oktober

ноябрь
november

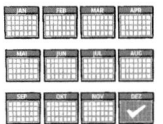

декабрь
desember

формы
former

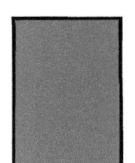

круг
sirkel

квадрат
kvadrat

прямоугольник
rektangel

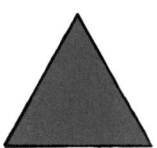
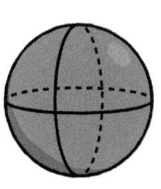
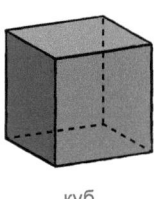

треугольник
triangel

шар
kule

куб
kube

цвета
fargar

белый
kvit

желтый
gul

оранжевый
oransje

розовый
rosa

красный
raud

лиловый
lilla

синий
blå

зелёный
grøn

коричневый
brun

серый
grå

черный
svart

противоположности
motsetnader

много / мало

mykje / lite

яростный / мирный

sint / roleg

красивый / уродливый

pen / stygg

начало / конец

start / slutt

большой / маленький

stor / liten

светлый / тёмный

lys / mørk

брат / сестра

bror / søster

чистый / грязный

rein / skiten

полный / неполный

fullstendig / ufullstendig

день / ночь

dag / natt

мёртвый / живой

død / levande

широкий / узкий

breid / smal

съедобный / несъедобный

etande / uetande

злой / дружелюбный

ond / snill

взволнованный / скучающий

begeistra / lei

толстый / худой

tjukk / tynn

сначала / в конце

først / sist

друг / враг

ven / fiende

полный / пустой

full / tom

твёрдый / мягкий

hard / mjuk

тяжёлый / легкий

tung / lett

голод / жажда

svolten / tørst

больной / здоровый

sjuk / frisk

незаконный / законный

ulovleg / lovleg

умный / глупый

intelligent / dum

слева / справа

venstre / høgre

близко / далеко

nær / langt unna

новый / подержанный

ny / brukt

ничто / нечто

ingenting / noko

старый / молодой

gamal / ung

включено / выключено

på / av

открыто / закрыто

open / stengd

тихо / громко

lågt / høgt

богатый / бедный

rik / fattig

правильный / неправильный

riktig / feil

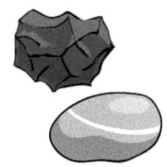

шероховатый / гладкий

ru / glatt

печальный / счастливый

trist / glad

короткий / длинный

kort / lang

медленный / быстрый

langsam / rask

мокрый / сухой

vått / tørt

тёплый / прохладный

varm / lunken

война / мир

krig / fred

противоположности - motsetnader

цифры
tal

0 — ноль — null

1 — один — ein

2 — два — to

3 — три — tre

4 — четыре — fire

5 — пять — fem

6 — шесть — seks

7 — семь — sju

8 — восемь — åtte

9 — девять — ni

10 — десять — ti

11 — одиннадцать — elleve

12

двенадцать
tolv

13

тринадцать
tretten

14

четырнадцать
fjorten

15

пятнадцать
femten

16

шестнадцать
seksten

17

семнадцать
sytten

18

восемнадцать
atten

19

девятнадцать
nitten

20

двадцать
tjue

100

сто
hundre

1.000

тысяча
tusen

1.000.000

миллион
million

цифры - tal

ЯЗЫКИ
språk

английский
engelsk

американский английский
amerikansk engelsk

мандаринский китайский
mandarin

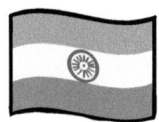
хинди
hindi

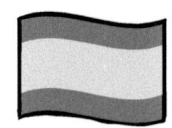
испанский
spansk

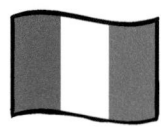
французский
fransk

арабский
arabisk

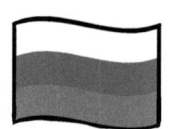
русский
russisk

португальский
portugisisk

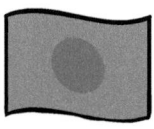
бенгальский
bengali

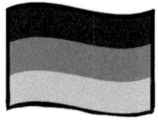
немецкий
tysk

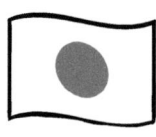
японский
japansk

кто / что / как
kven / kva / korleis

я
eg

ты
du

он / она / оно
han / ho / det

мы
vi

вы
de

они
dei

кто?
kven?

что?
kva?

как?
korleis?

где?
kvar?

когда?
når?

имя
namn

где
kvar

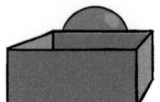

за

bakom

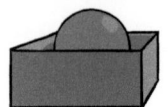

в

i

перед

framfor

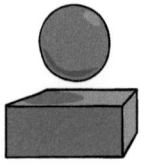

над

over

на

på

под

under

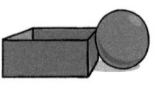

рядом

ved sida av

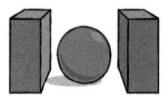

между

mellom

место

stad